50
Lb 31.

VIE

DE CHARLES X,

EX-ROI DE FRANCE

ET DE NAVARRE,

DEPUIS SA NAISSANCE JUSQU'A SON EXPULSION DU TRÔNE.

A PARIS,

CHEZ GAUTIER, ÉDITEUR,
RUE MAZARINE, N° 49;
VÉZARD, LIBRAIRE, PASSAGE CHOISEUIL, N° 46.

1830.

UN PAUVRE SIRE.

VIE
DE CHARLES X,
EX-ROI DE FRANCE

ET DE NAVARRE,

DEPUIS SA NAISSANCE JUSQU'A SON EXPULSION
DU TRÔNE.

———

CHARLES-PHILIPPE de France, comte d'Artois, depuis Charles X du nom, roi de France et de Navarre, né à Versailles le 9 octobre 1757, était le troisième fils du grand dauphin, fils aîné de Louis XV et de madame Marie-Josèphe de Saxe.

Le comte d'Artois, créé chevalier de l'ordre du Saint-Esprit en 1771, fut marié le 16 novembre 1773 à Marie-Thérèse de Savoie, sœur de l'épouse de Louis XVIII, et devint veuf de cette princesse, qui mourut en Angleterre le 2 juin 1805, après lui avoir donné trois enfans, une fille morte en bas âge, et les ducs d'Angoulême et de Berry.

Ce prince, livré dès ses plus jeunes années à une excessive dissipation et à toutes les erreurs de son rang et de son âge, n'acquit rien par l'expérience et le malheur.

En mai 1777, le comte d'Artois sortit pour la première fois de Versailles pour aller visiter les ports de l'ouest, qu'il parcourut sans en rapporter aucune instruction.

Ce fut l'hiver suivant qu'arriva cette aventure scandaleuse qui fit tant de bruit à Paris, et qui rendit indispensable une affaire d'honneur entre le comte d'Artois et le duc de Bourbon, dont le premier avait insulté l'épouse au milieu du bal de l'Opéra, en lui arrachant le masque. Le duel de ces princes n'eut aucune suite dangereuse, et fut loin d'établir la réputation militaire du comte d'Artois.

On jugea à propos, pour la rétablir, de faire faire à ce prince, en qualité de volontaire, la campagne de Gibraltar. Il partit donc vers la fin de septembre 1782, se rendit à Madrid, y passa quelques instans à la cour de Charles IV, et arriva dans la première semaine d'octobre au camp de Saint-Roch, d'où il repartit le 15, après une apparition de huit jours.

Cette campagne, qui parut un peu courte à tous les militaires, valut au prince la récompense des braves : il fut reçu chevalier de l'ordre de Saint-Louis.

Lors de l'assemblée des notables en 1788, le comte d'Artois fut nommé par le roi président de l'un des bureaux de cette assemblée. Il y montra une vive opposition aux vues d'amélioration qui se manifestaient de toutes parts.

Environné de courtisans et de flatteurs, ce prince, plongé dans les plaisirs et livré à toutes les séductions du pouvoir, s'était persuadé qu'il n'avait été créé et mis au monde que pour s'abandonner à l'effervescence de ses passions ; aussi l'opinion publique se prononça-t-elle fortement contre lui lorsqu'après l'exil du parlement, il vint avec Monsieur faire enregistrer à la cour des aides de Paris les édits sur le timbre et sur l'impôt territorial. Des imprécations accompagnées de menaces s'élevèrent de toutes parts autour de lui, et faillirent mettre sa vie en danger.

Cet événement précéda l'explosion du 14 juillet 1789, qui décida le prompt départ du prince, dont le courage n'était pas la première qualité. Dès le soir, il partit avec sa famille pour Turin, où il résida jusqu'à l'année suivante. Dans le courant de 1791, il vint à Vorms avec le prince de Condé et le marquis de Broglie, passa quelques mois au château de Brulh, et se fixa quelque temps à Bruxelles, d'où il partit pour Vienne.

Il fit un voyage à Pilnitz, où se trouvaient l'empereur Léopold et le roi de Prusse, Frédéric-Guillaume II. Une convention fut rédigée à cette époque dans le château de Pilnitz, où les deux monarques promettaient de soutenir Louis XVI et les prétentions des princes ses frères. Mais il n'en fut rien pour le moment.

On était à la fin de septembre 1791, et le roi avait accepté le 15 l'acte constitutionnel qui lui avait été présenté. Il écrivit au comte d'Artois pour l'inviter à rentrer en France, et lui transmit en même temps le décret de l'assemblée nationale qui déclarait « ennemis de l'état tous les » Français qui ne rentreraient pas avant le 1er jan- » vier 1792. »

La lettre du roi et le décret de l'assemblée ne changèrent point les dispositions ennemies du comte d'Artois, qui se trouvait alors à Coblentz, où s'était établie une petite cour modelée sur celle de Versailles. On y faisait de grands projets; en attendant qu'ils s'exécutassent, les nobles émigrés jouaient, s'amusaient, et faisaient des dupes.

Après la mort de Louis XVI, il fut décidé que

le comte d'Artois se rendrait à Saint-Pétersbourg auprès de l'impératrice Catherine, qui annonçait les dispositions les plus favorables en faveur des princes français. L'accueil qu'il reçut à la cour répondit à toutes ses espérances. L'impératrice, en lui donnant une riche épée montée en diamans, lui dit : « J'espère que vous vous en servirez pour le rétablissement et la gloire de votre maison. »

Le comte d'Artois, loin d'activer les secours que lui avaient promis la Russie et l'Angleterre, vint s'enfermer à Ham, et fit vendre ensuite, au profit des émigrés indigens, cette belle épée, dont l'honneur et la reconnaissance lui défendaient de jamais se dessaisir.

Ce fut dans ces circonstances que le ministère britannique assura, au comte d'Artois un traitement annuel de 24,000 liv. st.

Le 26 juillet 1795, ce prince se rembarqua à Cuxhaven, pour se rendre à Londres. A peine arrivé en Angleterre, il y trouva une frégate qui faisait partie de l'escadre du commodore Waren, et qui était disposée à le recevoir. Il y monta, croisa quelque temps sur les côtes des provinces de l'ouest, et débarqua enfin le 29 septembre suivant à l'Ile-Dieu.

On crut, cette fois, que le prince venait réaliser la promesse qu'il avait faite si souvent, de se mettre à la tête des armées catholiques et royales. Tous les chefs l'en pressaient; les Russes n'attendaient que ce moment pour arriver.

Le bruit se répandit bientôt à l'Ile-Dieu qu'un courrier venait d'arriver de Londres avec des dépêches portant injonction à Monsieur (le comte d'Artois) de se rembarquer sur-le-champ et de revenir à Londres.

L'injonction du ministère britannique parut sup-

posée aux chefs de l'armée royale ; ce qui n'empê-
cha pas le prince de se rembarquer ; aussi Cha-
rette écrivit-il à Louis XVIII, à l'instant même
de marcher au supplice : « Sire, la lâcheté de votre frère a tout perdu, etc. »

A la suite de cette funeste expédition, Monsieur,
ramené d'abord à Portsmouth, se rendit ensuite à
Edimbourg, où son séjour fut de quelque durée.
Il ne quitta cette ville, pour se rendre au quartier
général de l'archiduc Charles, qu'en 1799, lorsqu'il
eut appris que l'armée de Condé venait se réunir à
l'armée russe de Suisse. Les Russes étaient déjà
en pleine retraite, lorsque Monsieur arriva ; il retourna à Londres.

Les préliminaires de la paix d'Amiens ayant
forcé de nouveau le prince de quitter l'Angleterre,
il retourna à Edimbourg, revint à Londres, et partit
en novembre 1804 pour Calmar, où se trouvaient
son fils, le duc d'Angoulême, et Louis XVIII, son
frère. Il quitta ensuite cet endroit, et vint se fixer
à Edimbourg, où il passa cinq années, au bout des-
quelles il se rendit au château d'Hartwel en Angleterre, où Louis XVIII avait fixé sa demeure. Il ne
sortit de ce château que pour se rendre en Alle-
magne, au commencement de 1813, époque à laquelle les chances de la guerre européenne sem-
blaient devenir favorables à sa maison.

A l'époque du 31 mars 1814, Monsieur rentra
en France, s'y annonça comme lieutenant-général
du royaume, et proclama en France, en Franche-
Comté, la fin de la tyrannie, celle de la guerre, la
suppression de la conscription et des droits réunis.
On sait quels ont été les résultats de ces proclama-
tions dérisoires.

Ce prince entra dans Paris, le 12 avril 1814, en
s'écriant : *Ce n'est qu'un Français de plus. A ce cri,*

on aurait pu répondre : *C'est un Français de trop*, comme l'a prouvé la suite des événemens de la restauration, qui n'a rien restauré.

Le 15 du même mois, une députation du sénat conservateur, qui n'a conservé que ses émolumens, déféra à Monsieur le gouvernement provisoire, sous le titre de lieutenant-général du royaume, en attendant que Louis-Stanislas-Xavier de France, appelé au trône, eût accepté la Charte constitutionnelle. « Je ne crains pas, répondit le prince à la députation, d'être désavoué en assurant au nom de mon frère qu'il en admettra les bases. » On sait comme ces bases ont été admises et violées journellement : « Pendant le temps que je serai à la tête du gouvernement, qui sera, j'espère, très-court, ajouta Monsieur, j'emploierai tous mes moyens à travailler au bonheur public. » On en a vu de beaux échantillons.

On ne peut expliquer l'inexplicable légèreté avec laquelle, sans opposition, presque sans débats, et trop heureux de conserver ce qu'on voulait bien lui laisser, ce prince abandonna toutes les places occupées par les Français, et réduisit leur marine à treize vaisseaux de guerre, vingt-une frégates, vingt-sept corvettes et bricks, quinze avisos, treize flûtes et gabarres, et soixante transports.

A peine le roi fut-il de retour que Monsieur fut nommé colonel-général des gardes nationales de France, et rétabli dans sa qualité de colonel-général des Suisses. Le roi l'autorisa en même temps à se faire rembourser par le gouvernement les émolumens de sa charge de colonel des Suisses, à dater de 1789 jusqu'en 1814 ; ce qui fait vingt-cinq ans.

Après une maladie qui fit craindre un moment pour les jours de Monsieur, ce prince reparut le 7 septembre 1814 au Champ-de-Mars, lors de la distribution des drapeaux, faite par le roi, à la garde nationale. Après un discours de peu d'étendue, et dans lequel ce prince avait répondu de la fidélité de cette garde, il ajouta « que, parmi tant » de sujets dévoués, il n'en était pas un qui le fût » davantage que lui. » Au même instant il se jeta dans les bras du roi, qui l'embrassa. Cette scène d'attendrissement parut avoir été préparée d'avance, comme une réponse aux bruits qui s'étaient répandus sur la retraite de Monsieur à Saint-Cloud et sa maladie.

Huit jours après la cérémonie du Champ-de-Mars, Monsieur commença, par la ville de Lyon, ces voyages auxquels le mauvais succès de ceux que venaient d'entreprendre et de terminer les princes ses fils et Madame auraient dû porter la famille royale à renoncer pour jamais. Celui de Monsieur eut des effets plus funestes encore; car, livré à l'influence de ses courtisans, des prêtres, des émigrés, et surtout des jésuites, non moins étrangers que lui-même à l'esprit national de la France, il exaspéra tous les ressentimens, réveilla toutes les craintes; et, en accordant une bienveillance et des faveurs exclusives à quelques anciens privilégiés, il étendit une véritable proscription d'opinion sur tout le reste, et particulièrement sur cette classe aussi influente que nombreuse d'acquéreurs de domaines nationaux, contre lesquels on ne cessait d'invoquer son indignation, qu'il n'était que trop disposé à accorder. A Marseille, où l'exaltation des esprits était portée à un plus haut point, le passage du prince fut principalement marqué par des violences exercées sur le parti vaincu.

Enfin ce voyage se termina; Monsieur revint à Paris, et rien de remarquable ne se passa jusqu'à l'époque où la nouvelle du débarquement de Bonaparte au golfe Juan parvint à la capitale le 5 mars 1815.

Monsieur partit dès la nuit même pour se rendre à Lyon ; il y arriva le 8 à dix heures du matin ; mais il n'était plus temps. Les troupes, les populations, tout se portait avec enthousiasme au-devant de Bonaparte, dont l'armée française formait déjà le cortége.

De retour à Paris, Monsieur accompagna, le 16 mars, le roi au Corps-Législatif, où il prit la parole après son frère, et protesta de son attachement personnel et de celui des princes ses fils pour cette Charte constitutionnelle dont on n'avait parlé jusque là, dans le château des Tuileries, qu'avec dérision et mépris.

Cette démarche tardive de la famille royale donna lieu le mois suivant à cette caricature ingénieuse où le roi et sa famille étaient représentés sous l'abri d'un parapluie, sur lequel était écrit le mot *constitution*, et qu'ils tenaient ouvert ou fermé, selon qu'ils se croyaient plus ou moins menacés par l'orage.

Le roi partit dans la nuit du 20 au 21 mars du château des Tuileries, et fut suivi, dès le lendemain, par Monsieur et le duc de Berry. Ces princes se rendirent d'abord à Ypres, et vinrent retrouver le roi à Gand, d'où Monsieur ne sortit plus jusqu'au retour du roi dans la capitale.

Le 26 juillet 1815, il fut nommé président du collége électoral de la Seine. Il fut appelé ensuite à présider le premier bureau de la chambre des pairs, où, dans la séance du 12 octobre, on vit ce prince, à qui on avait fait la leçon, défendre MM. de La Bourdonnaye et de Polignac, qui apportaient à leur serment des restrictions tout-à-fait inconstitutionnelles, et alléguer, à l'appui de son opinion; des considérations religieuses qui n'en imposèrent à personne, parce qu'elles ne pouvaient être regardées que comme des prétextes spécieux, propres à dissimuler toute la malveillance d'une opinion politique qu'on n'osait avouer.

Le duc de Fitz-James ayant, deux jours après, proposé à la chambre des pairs de voter des remercîmens au duc d'Angoulême, pour la conduite que ce prince avait tenue dans le midi, lors de la retraite à laquelle il avait été obligé en mars 1815, Monsieur, avec lequel la démarche de M. de Fitz-James avait été concertée, s'y opposa par ce noble motif « que c'était contre les Français *égarés* que son fils s'était vu contraint de combattre. » Ce sentiment eût été digne d'admiration sans doute, si les événemens qui se passèrent depuis n'eussent hautement déposé contre sa sincérité. En effet, les plus distingués d'entre ces Français égarés, arrêtés du moment où l'on se crut assez fort pour n'avoir plus besoin d'être clément, ont payé de leur tête leur *égarement*, ou n'ont échappé à la mort que par l'exil.

Le 17 juin 1816, fut célébré le mariage de son fils, le duc de Berry, avec la princesse Marie-Caroline-Thérèse de Sicile.

Après la fameuse ordonnance du 5 septembre 1816, Monsieur sembla demeurer totalement étranger aux affaires publiques, et non à la chasse, qui était sa passion dominante, et qui a toujours fait ses délices.

Le 13 février 1820, le duc de Berry fut assassiné par Louvel. Cette mort affligea Monsieur; car le duc de Berry était le seul sur lequel la famille royale comptait pour avoir un héritier du trône des Bourbons. Mais par un tour de gobelet qui n'est pas rare dans cette famille, on fit courir le bruit que la princesse Caroline était enceinte, et le 29 septembre de la même année, on la fit accoucher d'un prince connu sous le nom de duc de Bordeaux, contre la légitimité duquel protesta le duc d'Orléans.

Monsieur, enchanté de ce que la ruse avait si bien réussi, embrassa la duchesse de Berry, et s'écria, en voyant arriver son frère auprès de l'acouchée : *Vive le Roi !*

Trois années plus tard, eut lieu la guerre d'Espagne, guerre sentimentale qui coûta 400 millions à la France, et dans laquelle le duc d'Angoulême, fils de Monsieur, se signala par des victoires et la prise du Trocadéro, si l'on en croit ceux qui furent payés pour faire la relation de la campagne de ce prince. Cette campagne nous rappelle ce couplet de Béranger :

    — Notre ancien, qu' pensez-vous d' la guerre ?
    — Mon p'tit, ça n'ira jamais bien !
    V'là z'un princ' qui n' s'y connaît guère,
    C'est un' poir' moll' de bon chrétien.
       Bientôt l' fils d'Henri-Quatre
       Voudra qu'un jour d'action,
       On n' puisse aller combattre
       Sans billet d' confession.

Sur la fin d'octobre 1824, Louis XVIII reçut les premières atteintes de la maladie qui devait mettre un terme à sa vie, et le 16 septembre suivant il n'était plus. Monsieur succéda au trône sous le nom de Charles X. Alors commença, sous les auspices de ce prince, cette conspiration des prêtres, des nobles, des émigrés, des jésuites et des congréganistes contre la Charte et les libertés du peuple, conspiration dont l'issue a tourné contre Charles X, qui fut chassé de la France.

Ce monarque, pour se mettre en règle, se fit sacrer à Reims, le 29 mai 1825, avec la plus grande pompe, et accomplit toutes les cérémonies usitées en pareille fête, et fit des sermens qu'il était dans la bonne intention de violer par la suite.

> Chamarré de vieux oripeaux,
> Ce roi, grand avaleur d'impôts,
> Marche entouré de ses fidèles,
> Qui tous, en des temps moins heureux,
> Ont suivi les drapeaux rebelles
> D'un usurpateur généreux.
> Un milliard les met en haleine :
> C'est peu pour la fidélité, etc.

Il fallait récompenser tous ces lâches courtisans dont l'habitude est de s'abreuver de la sueur du peuple, et tous ces nobles émigrés qui avaient fait la route de Coblentz et de Gand, et qui s'étaient humblement prosternés aux genoux de Napoléon. Le ministère Villèle, d'après les ordres de Charles X, proposa à la chambre des députés, de décréter un milliard pour ces aventuriers ; et comme cette chambre était composée, dans la plus grande partie, d'après les fraudes électorales, d'émigrés, de jésuites en robe courte et de congréganistes, le milliard fut accordé malgré les vives réclamations de l'opposition.

Ce fut encore sur la proposition du ministre Villèle que la garde nationale de Paris fut supprimée, cette garde qui avait donné à Charles X des témoignages de dévoûment ; mais ce prince, dont l'ignorance est radicale, et pour qui la reconnaissance est un vain mot, se dépêchait d'entasser fautes sur fautes, sans en prévoir les suites ; étrange aveuglement d'un homme qui ne savait rien apprécier, et qui, dans son exil de vingt-cinq ans, n'avait rien oublié, disait Bonaparte, parce qu'il n'avait rien appris ! *O cæca mens !*

Charles X , la *camarilla* et les jésuites, qui voulaient absolument l'anéantissement de la Charte et des libertés du peuple, s'y préparaient de loin, en déchirant chaque jour un article de cette Charte, et en proposant des lois aussi absurdes que ridicules.

Le clergé, qui secondait de tout son pouvoir les attaques du gouvernement, mit en jeu la loi du sacrilége, que les chambres adoptèrent à une grande majorité. La corruption en avait établi les bases, cette même corruption les fit adopter. On nous ramenait doucement au moyen âge ; mais des obstacles s'élevaient encore contre le grand coup que l'on voulait porter. Quelques résistances se trouvèrent dans le ministère ; il fallait en recomposer un nouveau qui marchât droit au but, et c'est ce qu'on se détermina à faire.

En attendant que toutes les batteries fussent prêtes, et que Charles X eût auprès de lui son cher Polignac et compagnie, ce roi dévot allait tous les jours à la messe, faisait des neuvaines, signait des contrats de mariage au grand et au petit lever, recevait ses courtisans, puis allait à la chasse, où il se signalait par des exploits valeureux contre les lièvres, les lapins, et contre la grosse bête. Un roi chasseur n'est guère susceptible de sentimens humains, et sa passion pour égorger journellement d'innocens animaux justifie le couplet suivant :

> Je n'aime pas ces chasseurs !
> Verser le sang avec indifférence,
> Voyez où cela vous conduit ;
> C'est par le gibier qu'on commence ,
> C'est par le peuple qu'on finit.

Toutes les garanties du peuple furent vivement

attaquées. En 1827, on préluda à la censure et à
la destruction de la liberté de la presse. Malgré les
efforts de l’opposition contre cette mesure, la loi
passa ; mais elle n’eut d’effet que pour un temps.

Avec une cour qui dilapidait les deniers publics
avec une impudeur inouïe, il fallait de gros budgets ;
aussi augmentaient-ils d’année en année ; on écra-
sait le peuple d’impôts pour suffire à la voracité des
courtisans, au luxe des pairs et du haut clergé, et
à l’avidité de cette tourbe funeste de valets de cour
dont l’existence, dans tous les temps, fut une ca-
lamité publique.

La loi du droit d’aînesse, la loi d’amour du
sieur Peyronnet furent rejetées, sauf à les proposer
de nouveau dans des temps plus opportuns, et lorsqu’on aurait à sa disposition un ministère bien dé-
voué aux intérêts de la cour et des jésuites.

Jules Polignac, ambassadeur de France à la cour
d’Angleterre et favori de Charles X, passait de
temps en temps la Manche et arrivait par le pa-
quebot à Calais, d’où il se rendait au cabinet des
Tuileries, pour savoir si son heure était arrivée
pour être président des ministres qu’on devait
choisir pour opérer un grand coup d’état.

Le 8 août 1829, la poire paraissant mûre, on s’ap-
prêta à la cueillir. Un nouveau ministère fut orga-
nisé, et Polignac en fut nommé président.

Du 8 août jusqu’au mois de mars 1830, époque où
les chambres furent assemblées, ce ministère se signala par des actes arbitraires, des destitutions et
des fraudes électorales ; rien ne fut sacré pour lui,
et les justes réclamations furent traitées de rébel-
lion.

Le 2 mars, le roi, dans son discours à la chambre des députés, le roi parla du bien qu’il voulait
faire ; bien dont on a vu les échantillons. Le 9 du

même mois, la chambre des pairs présenta au roi son adresse, qui n'était qu'une paraphrase du discours de la couronne.

Le 18, M. Royer-Collard, président de la chambre des députés, lut à sa majesté l'adresse de cette chambre, à laquelle le roi dévot fit une réponse par laquelle il déclara qu'il savait mieux que personne ce qui convenait à la France, prorogea la chambre au 1er septembre, et vint ensuite à la dissoudre. Une nouvelle chambre fut convoquée, et dissoute avant même d'être assemblée.

Le ministère se prépara alors à son coup d'état. Le 25 juillet furent rendues les fameuses ordonnances, qui parurent le lendemain dans le *Moniteur*. La lecture de ce guet-apens produisit dans Paris une espèce de stupeur, qui se changea bientôt en un cri d'indignation. Le 27 on courut aux armes ; alors commença ce combat de trois jours entre le peuple, pour ainsi dire sans armes, et les troupes royales. Les journées des 28 et 29 furent terribles ; la fusillade et le canon se firent entendre depuis 10 heures du matin jusqu'à 11 heures du soir. Mais enfin la victoire resta au peuple ; victoire qui fut arrosée de son sang.

Que faisaient le roi, la famille royale et les ministres dans ces terribles journées qui allaient décider de leur sort ? Cachés dans les caves des Tuileries, ils attendaient l'issue du combat, pour se montrer au peuple et recueillir le fruit du sang répandu. Leur attente fut trompée.

Le 30 juillet, les députés réunis à Paris nommèrent provisoirement le duc d'Orléans lieutenant-général du royaume ; la cocarde tricolore fut adoptée, et la cour de Charles X se rendit à Rambouillet.

Ce fut de cet endroit que le 1er août Charles X,

qui croyait encore régner, adressa aux Français la proclamation suivante :

« Français ,

» Votre roi, votre père s'adresse à vous pour la quatrième fois ; il veut bien tout oublier.

» N'écoutant que son cœur paternel, qui lui ordonne de tout sacrifier au bonheur de ses sujets, il accepte la démission de M. Mangin et nomme à sa place M. Dudon ; M. de Peyronnet quitte l'intérieur et passe aux affaires étrangères ; M. de Polignac quitte les affaires étrangères et passe à l'intérieur. »

On sent bien que de pareilles propositions n'étaient pas acceptables ; le roi dévot n'avait pas encore compris qu'il avait cessé de régner, et que son fils le duc d'Angoulême devait renoncer à la couronne de France.

Ces braves gens ! ils aimaient tant la chasse ,
Qu'après avoir au courre , au tir, sans se lasser,
Poursuivi cerf , lièvre , et perdrix et bécasse ,
Ils n'ont été contens qu'en se faisant chasser.

Le refus par le gouvernement provisoire de transiger avec Charles X , terrifia le comité de Saint-Cloud. On mit en délibération si l'on se retirerait derrière la Loire, pour insurger la Vendée. On renonça à ce projet.

L'ex-roi résolut d'abdiquer en faveur du duc de Bordeaux. Il écrivit au duc d'Orléans avec la souscription de lieutenant-général du royaume. Sa lettre était datée de Rambouillet, 2 août. Comme cette lettre est connue de tout le monde, nous nous abstiendrons de la transcrire.

Le parti d'émigrer en Angleterre fut pris ; à cet effet, on fit demander un sauf-conduit et des com-

missaires nationaux pour accompagner le roi jusqu'à Cherbourg. Les commissaires nommés par le
gouvernement provisoire partirent de Paris, portant au roi un million en or, de plus, l'assurance
d'une pension annuelle de quatre millions.

Mais la dauphine, qui avait couché à Fontaine-
bleau, était arrivée à Rambouillet après l'envoi de
l'acte d'abdication. Son caractère violent se dé-
chaîna ; elle jura, sacra, injuria son *bon oncle*, et
annonça que 20,000 hommes tenaient pour le
trône dans les places frontières. Charles X n'osait
lever les yeux ; le duc d'Angoulême s'était caché.
Les commissaires nationaux arrivèrent.

L'ex-roi ne savait que faire ; la duchesse d'Angoulême lui intima l'ordre de refuser leur visite,
et Charles X refusa.

Le 4 août, Charles X se trouvant à Maintenon,
comme si de rien n'eût été, comme s'il n'eût pas
abdiqué tout caractère politique et militaire, pu-
blia un ordre du jour où, entre autres choses, il or-
donnait aux troupes qui l'accompagnaient de se
rendre à Paris pour faire leur soumission au lieutenant-général du royaume.

Dès ce jour il se mit en marche, pressé par les
troupes que le général Lafayette avait envoyées
après lui sur son refus de recevoir les commissaires
envoyés par le gouvernement provisoire. On allait
au pas et dans le plus profond silence. Dans les
villes et villages que l'on traversait, aucun cri ne
se faisait entendre, et la population se découvrait.

Ce fut dans cet ordre que l'on arriva le jeudi
soir, 5, à Verneuil.

Le 7, l'ex-roi arriva à Laigle, à une heure de
l'après-midi ; il était escorté de 1200 hommes des
gardes-du-corps et gendarmes d'élite et de deux
pièces de canon. Les cris de *Vive la Charte !* ne se

firent point entendre ; et en effet, c'était pitié que
de voir Charles X verser des larmes, passant ainsi
d'un excès de confiance au droit divin et en son
armée aux démonstrations les moins équivoques
du regret et du désespoir.

Le duc de Raguse était à la tête de l'état-major.
Il avait été question de passer par Caen ; mais on
apprit que ce n'était pas sans danger que Marmont
pourrait se présenter dans cette ville.

S. Ex. le cardinal de Latil, ex-archevêque de
Reims et confesseur du roi, avait pris les devans
pour préparer les appartemens à sa majesté déchue ;
il s'était embarqué le 6 à Calais, pour l'Angleterre ;
son passe-port portait : M. de Latil, âgé de 70 ans,
propriétaire français, avec un domestique.

Quant à l'ex-roi, marchant à très-petites journées, dans l'espoir que les populations et des
troupes se réuniraient à lui, il ne se trouvait le 9
encore qu'à Argentan. Les gardes nationales de
Vire, de Falaise, savaient le motif de cette lenteur.
Ayant à leur tête le général Rémond, délégué du
gouvernement, elles firent savoir à Charles X
qu'un plus long séjour de sa part sur le territoire
français pourrait compromettre la sécurité publique.

Le dauphin, qui entendait la messe, se prit d'é-
pouvante en apprenant l'arrivée du général Rémond, et se sauva par la porte de la sacristie.

On arriva à Cherbourg ; MM. de Schonen et
Odillon-Barrot, deux des cinq commissaires, y
avaient précédé les fugitifs : on les vit arriver.
Dans la même voiture, se trouvaient le prétendu
roi de France Henri V, sa sœur et sa mère, la duchesse de Berry, en costume d'amazone, chapeau
d'homme, et des pistolets à la ceinture. On remar-
quait dans ce triste cortége des individus au teint

bilieux, aux traits vulgaires, qui venaient à pied dans des costumes d'ouvriers. C'étaient ces ex-jésuites, ces congréganistes qui, ayant fait les joies de Charles X durant son règne, allaient avec lui fonder une confrérie, et s'y cloîtrer pour gagner des indulgences dont notre saint-père le pape, vicaire de Jésus-Christ en terre, est assez prodigue.

Charles X et la famille royale se sont embarqués le 16 août pour l'Angleterre, et sont arrivés à Spithead à bord d'un navire américain et d'une frégate française. Le gouverneur de cette place est allé à bord du *Great-Britain*, pour annoncer à l'ex-roi qu'il ne peut le laisser débarquer sans l'ordre formel de son gouvernement, qui lui répondit que, comme simple particulier, il pouvait prendre terre partout où il voudrait, en Angleterre. On lui envoya alors un remorqueur royal qui conduisit les deux navires à Cowes. Là l'ex-roi a trouvé la corvette la *Cérès* et un cutter français avec un pavillon tricolore.

Un officier général (français) partit de suite pour Londres pour se concerter avec les ministres anglais relativement aux mesures que l'on doit prendre pour l'ex-roi.

PARIS. — IMPRIMERIE DE COSSON,
RUE SAINT-GERMAIN-DES-PRÉS, N° 9.